まちごとチャイナ

Shanghai 007 Shui Xiang

水郷地帯

江南「原風景」と水辺の人々

Asia City Guide Production

【白地図】長江デルタと上海

CHINA
上海

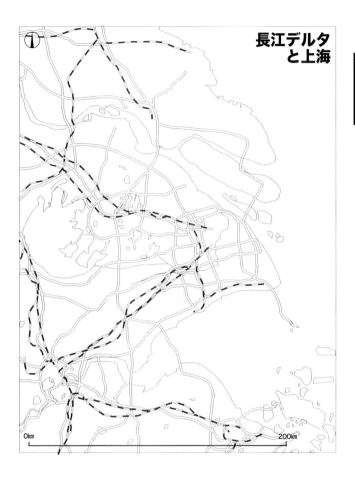

長江デルタと上海

Shui Xiang

白地図

【白地図】上海近郊の水郷

CHINA
上海

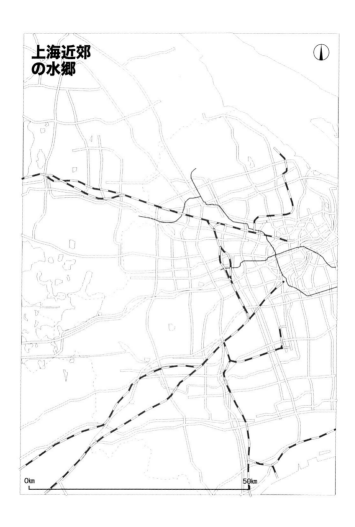

上海近郊の水郷

Shui Xiang

白地図

【白地図】江南の水郷地帯

CHINA
上海

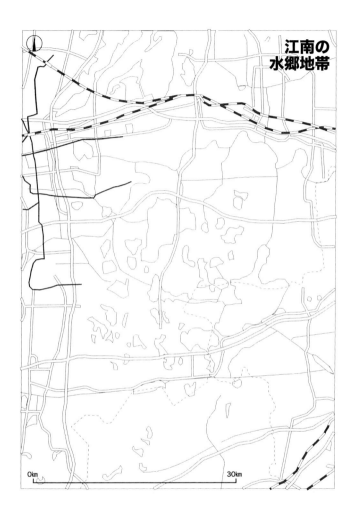

【白地図】朱家角

【白地図】朱家角古鎮

CHINA
上海

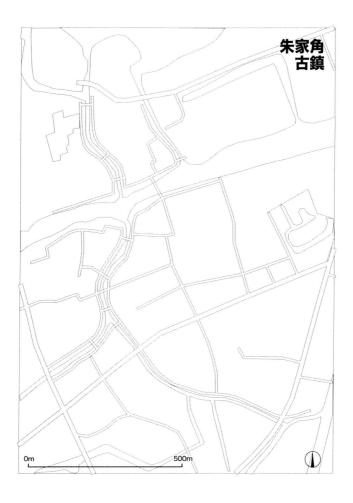

【白地図】朱家角～周荘

CHINA
上海

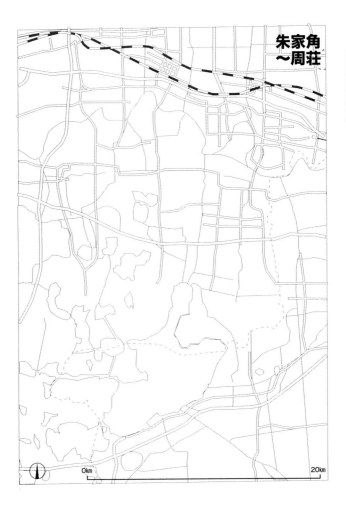

【白地図】周荘

CHINA
上海

周荘

Shui Xiang 白地図

【白地図】周荘古鎮

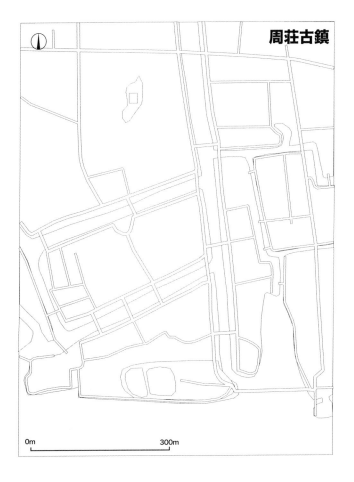

【白地図】同里

同里

Shui Xiang 白地図

【白地図】同里古鎮

【白地図】蘇州～同里

蘇州〜同里

Shui Xiang

白地図

【白地図】錦渓と水郷地帯

CHINA
上海

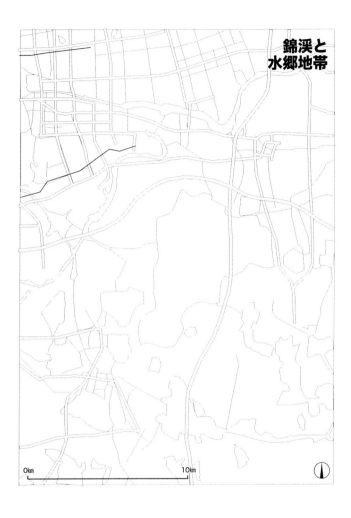

【白地図】錦渓

【白地図】甪直

CHINA
上海

Shui Xiang 白地図

【白地図】甪直古鎮

【まちごとチャイナ】
上海 001 はじめての上海
上海 002 浦東新区
上海 003 外灘と南京東路
上海 004 淮海路と市街西部
上海 005 虹口と市街北部
上海 006 上海郊外（龍華・七宝・松江・嘉定）
上海 007 水郷地帯（朱家角・周荘・同里・甪直）

CHINA
上海

中国第3の淡水湖である太湖の東は、川や運河が網の目のようにめぐり、数km間隔で水郷古鎮が点在している。これらの水郷はちょうど上海市、江蘇省、浙江省が交わる地点に位置し、上海や蘇州といった大都市を結ぶ水上交通の中継地点として発展してきた。

水郷地帯に生きる人々は、船を馬代わりに使い、運河を交通路としてきたため、周荘や同里には20世紀後半まで鎮へいたる陸路がなく、船でのみ入鎮することができた。こうした江南の風景は「南船北馬」の言葉でも知られ、水路をゆく船、

水乡 shuǐ xiāng
水郷地帯

魚をとる人、米を主食とする食などで日本との親しみも指摘される。

　江南文化の中心地である蘇州の影響を受けながら、庭園や寺院、建築などで美しい文化が育まれてきた水郷古鎮。周荘、甪直、同里、朱家角、錦渓といった水郷では、運河を中心にして住宅や商店がつくられ、水辺と一体となった人々の暮らしぶりが見られる。

【まちごとチャイナ】

上海 007 水郷地帯

目次

水郷地帯	xxxii
美しき水郷古鎮の世界	xxxviii
朱家角城市案内	xlvii
周荘城市案内	lxiv
同里城市案内	lxxxiii
錦渓城市案内	c
甪直城市案内	cix
水路に育まれた千年の鎮	cxxiii

【MEMO】

【地図】長江デルタと上海

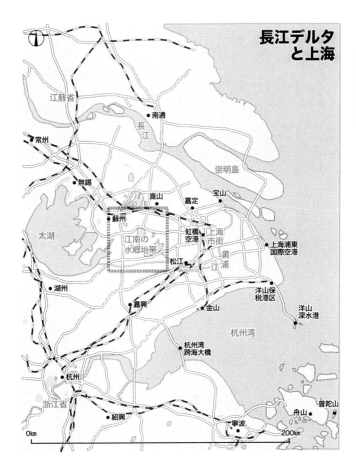

長江デルタ と上海

美しき水郷古鎮の世界

CHINA 上海

「江浙熟せば天下足る」と言われた豊かな穀倉地帯
小橋、流水が織りなす水の文化
遊覧船に揺られながらのんびりと舟歌を聴く

長江デルタと水郷地帯

長江デルタは古くは海底だったところで、長江の堆積物によって陸地化した(そのため海抜4〜5mの平地が続く)。とくに水郷が位置する太湖一帯は、凹型の地形をしていて、雨や河水がこの一帯に流れ込み、不安定な湿地帯をつくってきた。堆積土であるため農業生産に適している一方、この地域では水路を整備して水をコントロールするということが2000年以上も続き、とくに堤防よりも「いかに排水するか」に力点がおかれてきた。水郷では四方に配された水門が外界との接点となり、鎮を走る水路から運河、そこから北京と杭

▲左　濃い味つけの豚肉料理も水郷名物と知られる。　▲右　舟唄を歌う船頭に導かれて水郷をめぐる

州を結ぶ大運河へと道は続いている（この運河を使って豊かな江南の物資が華北へと運ばれた）。

水辺の空間

水郷地帯で陸路の整備が進んだのは20世紀に入ってからで、それ以前は船がおもな交通手段だった。かつてはどの家も「自家用船」をもち、自宅前の水路に船をつなぐ様子が見られたという（船を岸辺につなぎとめた「船鼻子」は今も見られる）。こうした水路を通って周辺の農村から農民が鎮まで野菜などを売りにきて、階段状の船着場の近くには市が立っていた。

CHINA
上海

水路が水郷の起点となり、人々はそこに続く石段に降りて生活用水を汲み、食材や洗濯物を洗ったりもした。今では観光のための遊覧船が往来し、船を使った水路の清掃も行なわれている。

水郷古鎮の構成

水郷古鎮では2、3本の主要運河が走り、流れる水、水路にかかる橋、江南様式の邸宅があわさり、美しい景観をつくっている。水路（運河）に沿うようにして漆喰の白壁、黒瓦をした2階建ての邸宅がならび、とくに運河の交わる地点や橋

▲左　階段から水路に降りて食器洗い、水辺と一体となった風景。　▲右　黒い屋根瓦と漆喰の白壁、これが水郷の風景

Shui Xiang　美しき水郷古鎮の世界

のかかる場所が水郷の中心となってきた。店舗と住宅が一体となった建物では道路に面して店が構えられ、その背後に「天井」と呼ばれる中庭をもつ住居用の院が展開する（また隣家とのあいだに火事を防ぐための「うだつ」、水辺に船で運ばれてくる物資のための倉庫も見られる）。周囲を迷路のような水路に囲まれた水郷古鎮は、財をなした人物や隠居した官吏が隠遁生活を送る格好の場所でもあり、官吏や富豪によって建てられた邸宅は今も残る。

【地図】上海近郊の水郷

【地図】上海近郊の水郷の [★★★]
- ☐ 朱家角 朱家角チュジィアジャオ
- ☐ 周荘 周庄チョウチュゥアン

【地図】上海近郊の水郷の [★★☆]
- ☐ 錦渓 锦溪ジンシー
- ☐ 甪直 甪直ルウチイ

【地図】上海近郊の水郷の [★☆☆]
- ☐ 淀山湖 淀山湖ディエンシャンフウ

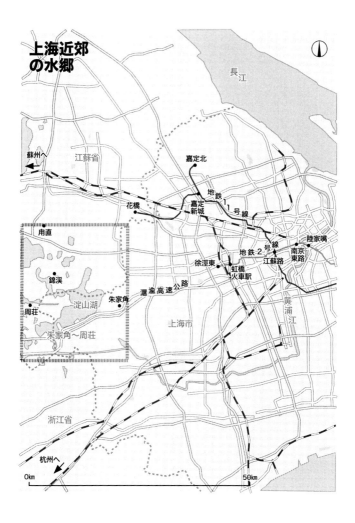

【地図】江南の水郷地帯

【地図】江南の水郷地帯の [★★★]
- ☐ 朱家角 朱家角チュウジィアジャオ
- ☐ 周荘 周庄チョウチュゥアン

【地図】江南の水郷地帯の [★★☆]
- ☐ 同里 同里トンリイ
- ☐ 錦渓 锦溪ジンシー
- ☐ 甪直 甪直ルウチイ

【地図】江南の水郷地帯の [★☆☆]
- ☐ 淀山湖 淀山湖ディエンシャンフウ
- ☐ 張陵山 张陵山チャンリンシャン

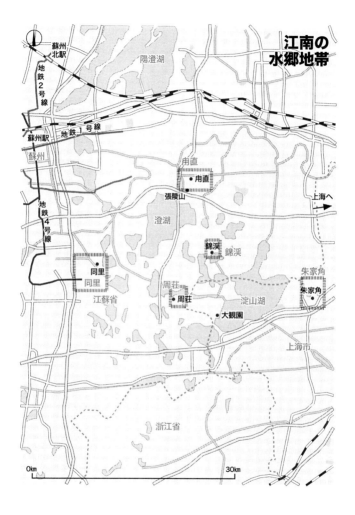

【MEMO】

**Guide,
Zhu Jia Jiao**

朱家角
城市案内

上海市の西部青浦に残る水郷朱家角
明代の16世紀から発展し
上海と蘇州を結ぶ商業中継地点となっていた

朱家角 朱家角 zhū jiā jiǎo チュウジィアジャオ［★★★］
淀山湖に通じる上海西部に位置する水郷、朱家角。水郷地帯を東西に結ぶ漕港河にのぞみ、そこへ続く南北の運河が鎮の中心を流れている。この朱家角は上海、蘇州、杭州のちょうど中間地点にあたり、明代の16世紀、それらの交易をとりもつなかで台頭した。衣服に使う綿紡績業や手工業の発展とともに松江府（上海市）の三大綿布場とも言われ、朱家角には遠く北京からの客商や物資も往来するほどだった（「居民数千家」とたたえられるほどのにぎわいだったという）。現在は遊覧船で鎮内をめぐることができるほか、水辺に面した

【地図】朱家角

【地図】朱家角の [★★★]
- ☐ 朱家角 朱家角チュウジィアジャオ

【地図】朱家角の [★★☆]
- ☐ 北大街 北大街ベイダアジエ
- ☐ 放生橋 放生桥ファンシェンチャオ

【地図】朱家角の [★☆☆]
- ☐ 円律禅院 圓律禅院ユゥエンリュゥチャンユゥエン
- ☐ 漕港河 漕港河ツァオガンハア

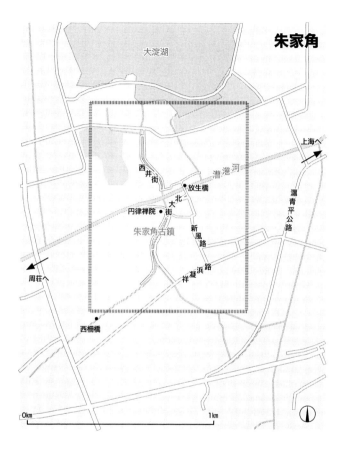

【地図】朱家角古鎮

【地図】朱家角古鎮の [★★★]
- ☐ 朱家角 朱家角チュウジィアジャオ

【地図】朱家角古鎮の [★★☆]
- ☐ 北大街 北大街ベイダアジエ
- ☐ 放生橋 放生桥ファンシェンチャオ

【地図】朱家角古鎮の [★☆☆]
- ☐ 円律禅院 圆律禅院ユゥエンリュウチャンユゥエン
- ☐ 廊橋 廊桥ランチャオ
- ☐ 城隍廟 城隍庙チャンフゥアンミャオ
- ☐ 大清郵院 大清邮局ダアチンヨウジュウ
- ☐ 漕港河 漕港河ツァオガンハア
- ☐ 阿婆茶園 阿婆茶园アァポオチャアユゥエン
- ☐ 課植園 课植园カァチイユゥエン

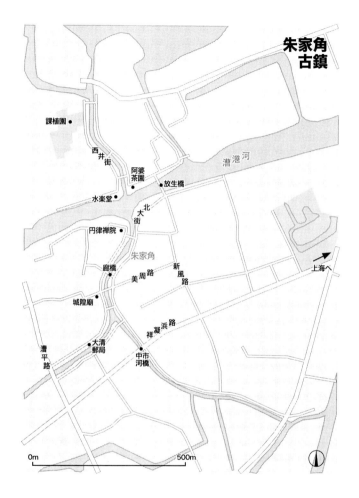

人々の暮らしぶりが見られる。

北大街 北大街 běi dà jiē ベイダアジエ ［★★☆］
北大街は運河に沿って南北に続く朱家角のメイン・ストリート。細い路地の両脇には茶館、豚の角煮を売る露店などがずらりとならび、清代以来の伝統をもつ老舗商店の永泰源も残る。両脇からせまる屋根のなか、一筋の線のように空が見えるため、「一線街」とも呼ばれる。

▲左　運河にのぞむように立つ円律禅院。　▲右　細い路地の両脇にずらりと店がならぶ、北大街にて

はやる米行

明清時代、空前の繁栄を見せた蘇州や杭州といった江南の諸都市とともに朱家角は歩んできた。とくに19世紀以降、上海の発展がはじまると、地理的に近い朱家角には米の買いつけや売買を行なう米問屋「米行」が多く集まった。蘇州を中心とする穀倉地帯の収穫情報を受けてすぐに上海へ輸送できる要衝となり、1930年代の朱家角の人口は2万人、店舗数は1000を数えたという。

円律禅院 圆律禅院 yuán lǜ chán yuàn
ユゥエンリュウチャンユゥエン ［★☆☆］

漕港河と運河の交わる泰安橋の西側に残る円律禅院。ここはかつて鎮の北側にあたり、16世紀の明代に建てられたこの円律禅院を中心に鎮が発生していった。水辺に面した寺院には文人や官吏が集まり、詩を詠んだり、談笑する場所でもあった。対岸に水楽堂が見える。

廊橋 廊桥 láng qiáo ランチャオ ［★☆☆］

北の泰安橋と南の城隍橋のあいだにかかる廊橋。いくつかの

▲左　清朝時代に建てられた大清郵局。　▲右　市が立ち、朱家角でもっとも
にぎわいを見せていた城隍廟界隈

橋で、北大街と漕河街が結ばれているが、廊橋はとくに木造式屋根をもつ橋として注目される。

城隍廟 城隍庙
chéng huáng miào チャンフゥアンミャオ [★☆☆]

1763年に創建され、朱家角の守り神がまつられていた城隍廟（道教寺院）。清代、この一角に市が立ち、朱家角の中心となった。山門から軸線上に建物が配置された伽藍をもち、人々を楽しませる劇が演じられた戯台も残る。

大清郵局 大清邮局
dà qīng yóu jú ダアチンヨウジュウ [★☆☆]

大清郵局は 1903 年の清朝末期に開館した郵便局跡。上海では郵便や通信などでいち早く近代化が進み、この大清郵局では郵便にまつわる各種展示が見られる。

漕港河 漕港河 **cáo gǎng hé ツァオガンハア** [★☆☆]

朱家角の北側を東西に流れる漕港河。水深が深く、運河の幅が 70m あるところから大型船が往来でき、上海に通じる大動脈となってきた（淀浦河へ通じるこの運河の水利で朱家角

▲左 長さ72mの放生橋は朱家角の象徴。 ▲右 観光客向けに飼われていたオウム

は発展した)。

放生橋 放生桥
fàng shēng qiáo ファンシェンチャオ [★★☆]

漕港河にかかる高さ7.4m、全長72mの放生橋(美しい5つのアーチを見せる)。明代、寺へ参ろうとした母親が運河に落ちてなくなった。寺の僧侶は二度と同じ悲劇が起きないように橋をかけ、供養のためにここから魚を放した。この放生魚の習慣は人々に広まり、魚を放すとき願いごとを唱えればそれは叶うという。

阿婆茶園 阿婆茶园
ā pó chá yuán アァポオチャアユュエン [★☆☆]

阿婆茶園は朱家角を代表する茶館で、水郷の茶館は商人たちが情報を交換する場所でもあった。1階には官吏などをたたえた扁額を集めた翰林扁額博物館が位置する。

課植園 课植园 **kè zhí yuán カァチイユュエン** [★☆☆]

漕港河を渡った朱家角北側の西井街に残る課植園。1912年に造営された江南の庭園で、楼閣や亭が連なる。

【MEMO】

淀山湖 淀山湖 diàn shān hú ディエンシャンフウ ［★☆☆］
淀山湖は上海最大の淡水湖で、市西端に位置し、江蘇省に隣接する。上海市街を流れる黄浦江の水源となっていて、上海蟹が養殖されているほか、夏には多くの人が海水浴に訪れる（紅楼夢の世界を再現した大観園も見られる）。この淀山湖をはさんで朱家角に対峙するように周荘が位置する。

【地図】朱家角〜周荘

【地図】朱家角〜周荘の [★★★]
- ☐ 朱家角 朱家角チュウジィアジャオ
- ☐ 周荘 周庄チョウチュゥアン

【地図】朱家角〜周荘の [★★☆]
- ☐ 錦渓 锦溪ジンシー
- ☐ 甪直 甪直ルウチイ

【地図】朱家角〜周荘の [★☆☆]
- ☐ 淀山湖 淀山湖ディエンシャンフウ

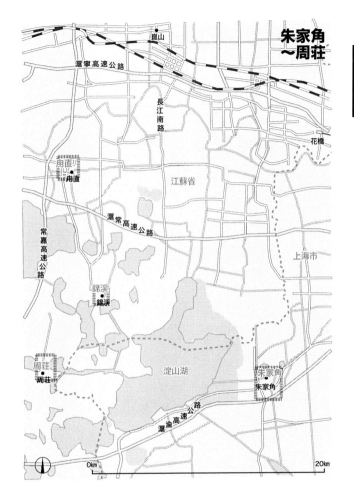

朱家角城市案内 Shui Xiang

Guide, Zhou Zhuang
周荘城市案内

湖沼と運河で囲まれた周荘
江南を代表する水郷古鎮で
遊覧船が行き交い、水郷の情緒が漂う

周荘 周庄 zhōu zhuāng チョウチュゥアン [★★★]

宋代の1086年に周氏が「貞富里」と呼ばれていたこの地に荘園を開いたことにはじまる水郷古鎮、周荘。北の蘇州、その外港の劉河港へいたる瀏河に続くなど、農業や漁業で収穫される江南の物資を集散するのに適した地の利をもつ。元代、この周荘に目をつけたのが沈祐、沈万三親子で、この地に邸宅を構えたことで周荘は商業中継点として発展するようになった(沈氏は江南を代表する富豪となった)。明清時代の手工業の高まりもあって、活発な商業取引が行なわれ、周囲の農村から集まった農民や商人などによって水郷古鎮周荘

Shui Xiang

周荘城市案内

の文化はつくられていった。千年近い歴史をもつ周荘の街は「王」の字型に運河が走り、現在でも明清時代の建物が多く残っている。

周荘の地形

周荘の北側には、大型船の航行も可能な急水港と呼ばれる水深10mの運河が流れる。周囲は毛細血管のように水路がめぐり、周荘大橋が完成する20世紀末まで周荘は水辺に浮かぶ孤島となっていた（直線距離で30kmの蘇州から移動に3時間を要したという）。周荘などの水郷は水路や周囲の地形

【地図】周荘

【地図】周荘の [★★★]
- [ ] 周荘 周庄 チョウチュゥアン

【地図】周荘の [★☆☆]
- [ ] 全福路 全福路 チュゥエンフウルウ
- [ ] 全福寺 全福寺 チュゥエンフウスー
- [ ] 北柵橋 北柵桥 ベイシャアチャオ

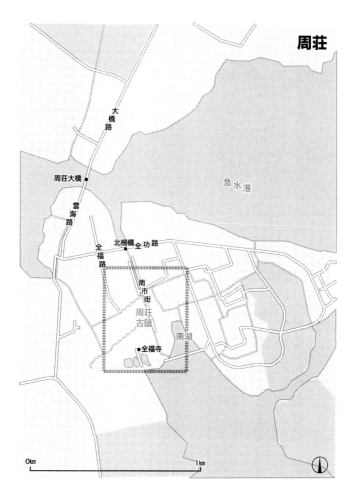

【地図】周荘古鎮

【地図】周荘古鎮の [★★★]
- [ ] 周荘 周庄 チョウチュウアン
- [ ] 富安橋 富安桥 フウアンチャオ

【地図】周荘古鎮の [★★☆]
- [ ] 沈庁 沈厅 シェンティン

【地図】周荘古鎮の [★☆☆]
- [ ] 全福路 全福路 チュウエンフウルウ
- [ ] 全福塔 全福塔 チュウエンフウタア
- [ ] 南市街 南市街 ナンシイジエ
- [ ] 張庁 张厅 チャンティン
- [ ] 双橋 双桥 シュウアンチャオ
- [ ] 全福寺 全福寺 チュウエンフウスー
- [ ] 澄虚道院 澄虚道院 チャンシュウダオユゥエン
- [ ] 葉楚僧故居 叶楚伧故居 イェチュウツァングウジュウ
- [ ] 迷楼 迷楼 ミイロウ
- [ ] 周荘博物館 周庄博物馆 チョウチュウアンボオウウグゥアン
- [ ] 北柵橋 北栅桥 ベイシャアチャオ

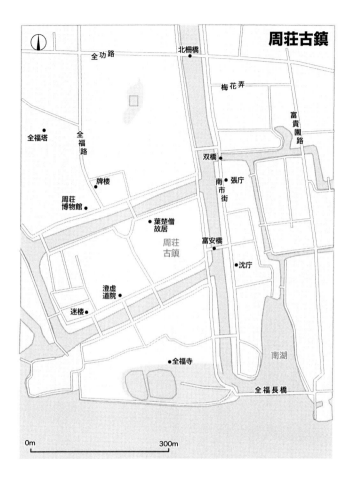

にあわせて鎮がつくられ、入り組んだ水路は天然の要塞となり、夜や非常時には水郷四方の水門をおろすことで外敵を遠ざけた。こうした地形は財産をもった官吏の退職後の生活、商人たちが邸宅を構えることにも適していた。

全福路 全福路 quán fú lù チュゥエンフウルウ ［★☆☆］
全福路は蘇州方面から周荘へいたる大通りで、その両端には店舗がならぶ。周荘古鎮への入口に牌坊が立つほか、そのすぐそばには全福塔がそびえる。周荘の船着場は、全福路の北端と運河（急水港）の接するところにあり、この全福路が船

▲左　全福路を通って周荘の入口にいたる、牌坊が立つ。　▲右　長らく外界との交通は船のみが利用されていた

着場から周荘へいたる水路となっていた。

全福塔 全福塔 quán fú tǎ チュゥエンフウタア ［★☆☆］

かつては北西のはずれにあたった周荘の入口近くに立つ全福塔。複雑な水路網が続く水郷地帯では、鎮への灯台の役割を果たし、現在の全福塔はもともとあった塔の場所に再建された（水郷地帯では、水路の分岐点や鎮の場所がわかるように目印となる標識がおかれた）。

南市街 南市街 nán shì jiē ナンシイジエ ［★☆☆］

周荘中心部を南北に流れる運河沿いを走る南市街。細い路地には商店がずらりとならび、沈庁や張庁といった邸宅も残る。周荘周辺に暮らす農民は運河で物資を運び、この通りの商店へ陸揚げした（また乗船したまま売買した）。物産の集散場所となっていた周荘は、水郷のなかでは際立って商業に従事する人が多かったと伝えられる。

▲左　橋、茶店、商店が集まる富安橋。　▲右　富安橋から見た風景、小船がゆく

富安橋 富安桥 fù ān qiáo フウアンチャオ ［★★★］

茶屋や旅館、商店が集まる周荘の中心にかかる富安橋。元末の1355年か、明初の1368年の創建され、人々が集まるこの橋のふもとに市が立つなどにぎわいを見せていた。富安橋の近くには、実質的な街の支配者であった郷紳沈氏の邸宅も位置する。

「水郷の中心」茶館

江南の水郷では運河や道路の交差点が繁華街となり、そこには必ずと言っていいほど茶館が位置していた。茶館は商人や

旅人が情報を交換したり、商談したりする場所で、都市と農村を結ぶ中継所の水郷鎮にはかかせない存在だった(橋と茶館の組み合わせは各地の水郷で見られる)。

沈庁 沈厅 chén tīng シェンティン[★★☆]
沈庁は周荘を拠点に莫大な財産をたくわえた富豪沈一族の邸宅跡。元代(1271～1368年)、周荘の地の利に目をつけた沈祐、沈万三親子が移住したことで、この街は発展をはじめた(沈一族は江南で収穫される物資、おもに長江に面した劉河港から北京へ運ぶ穀物などを扱った)。この沈庁は沈祐、沈万三

▲左　贅をつくした邸宅、外部への開放性は江南住宅の特徴。　▲右　美しい姿を見せるアーチ型の橋

親子の子孫である沈本仁によって清代の1742年に建てられ、間口5間、奥に7つの院が連なる2階建ての大邸宅となっている。とくに贅の限りをつくした門楼は安徽省から呼ばれた職人によって仕上げられ、そのほかにも豪華な調度品がならんでいる。

伝説に彩られた沈万三

沈万三は元末から明初の人物だとされ、さまざまな言い伝えが残されている。あるとき、沈万三は割れた盆（聚宝盆）を手に入れ、その盆に米を入れると米が増え、妻が金の耳飾り

を入れると、盆は金で満ちたという。こうして富豪になった沈万三は、元末明初、蘇州を拠点とした張子誠を援助して朱元璋（洪武帝）と戦わせたとも伝えられる。明朝を樹立した朱元璋ににらまれた沈万三はやがて財産を没収され、周荘も衰退していった（沈万三の富は、南京城の城壁造営に使われた）。金を増やす錬金術や、ときの皇帝との関わりで沈万三は語られてきたが、史実では元末になくなったとされる。

張庁 张厅 zhāng tīng チャンティン ［★☆☆］
張庁は周荘の有力者であった張氏の邸宅跡。沈庁と同じく、

深宅大院という奥に長く続く住宅で、前面は道路に、後部は運河に面している。

双橋 双桥 shuāng qiáo シュゥアンチャオ［★☆☆］
南北に流れる運河と、東西に流れる運河が交わる地点にかけられた永安橋と世徳橋をあわせて双橋と呼ぶ。永安橋は細長い石を数枚ならべた石桁橋、世徳橋は半円形のアーチ橋（虹橋）となっている。これら異なる様式の石橋は明代に築かれ、三歩二頂橋（三歩でふたつの橋の頂きに立てる）とも呼ばれる。

全福寺 全福寺 quán fú sì チュゥエンフウスー ［★☆☆］

周荘の南端、南湖にのぞむように立つ仏教寺院の全福寺。11世紀の宋代に創建され、かつて周荘は「水郷仏国」と呼ばれるほど仏教がさかんだったという。現在の建物は20世紀末に建てられ、湖にかかる橋や大雄宝殿、蔵経楼など水辺に伽藍が展開する。

澄虚道院 澄虚道院
chéng xū dào yuàn チャンシュウダオユゥエン ［★☆☆］

澄虚道院は11世紀の宋代に創建された道教寺院。その後、

▲左　全福寺は「水郷仏国」とたたえられた周荘を代表する仏教寺院。　▲右　明清時代の街並みが残る澄虚道院界隈

明清代を通じて増改築が進み、周荘の道教信仰の中心的存在となってきた（江南の道教寺院では廟市が開かれるなどした）。

葉楚僧故居 叶楚伧故居
yè chǔ cāng gù jū イェチュウツァングウジュウ [★☆☆]
葉楚僧故居は、周荘出身で革命文学集団南社にも参加した政治家葉楚僧（1887〜1946年）の邸宅跡。清代に建てられた様式を伝え、現在は博物館として開館している。

迷楼 迷楼 mí lóu ミイロウ [★☆☆]

周荘で知られた徳記酒店をはじまりとし、20世紀初頭、蘇州や上海で活躍した革命文学集団南社ゆかりの迷楼。陳去病や柳亜子といったメンバーはこの迷楼に集まり、『迷楼集』を発表している（近代、西欧列強の進出を受けるなか、人々を鼓舞する文学を発表した）。

周荘博物館 周庄博物馆 zhōu zhuāng bó wù guǎn チョウチュゥアンボオウグゥアン [★☆☆]

水郷の住宅を改装して開館した周荘博物館。館内には将棋の

駒やこの地方で使われてきた農具などが展示されている。近くには古鎮照壁（中国建築の玄関にあって悪い気を追い払った）が残る。

北柵橋 北栅桥 **běi zhà qiáo ベイシャアチャオ** ［★☆☆］
北柵橋は周荘の北側に配置された水門で創建は明代にさかのぼる。長いあいだ陸路が整備されておらず、水門を通る船だけが周荘へ入る手段となり、昼は水門が開かれ、夜には水門がおろされた。周荘では東西南北の4か所に水門が備えられ、現在はこの北柵橋が残っている。

上海

周荘名物あれこれ

周荘ではこの地方の名物料理である万山蹄の看板が目に入る。周荘の富豪沈万三が客人をもてなすときに出したもので、豚の腿肉を煮込んだ豚肉料理となっている。そのほかにも周荘やその近郊では明代以来、農村手工業が発達し、農産物や漁業用の竹細工で知られる。

Guide, Tong Li
同里城市案内

同里は「世界遺産の庭園」退思園を抱える水郷
一園、二堂、三橋に代表される街並みが広がり
同里の古名である富士の看板も目に入る

同里 同里 tóng lǐ トンリイ ［★★☆］

同里は蘇州から南に24km離れた水郷で、宋代以来、1000年の伝統をもつ。この街は唐代の7世紀に富士という名前で呼ばれていたが、それを富のあるおごった名前だとして10世紀に富士の「富」を上下にわけ、下部の「田」と富士の「士」を合体させて「同里」となった(富の上部を「同」に見立てた)。江南を代表する都蘇州と適度な距離で、水上に浮かぶような美しい街並みをもつことから、浮世から離れた官吏が書や歌、茶、花などに親しむ理想郷とされた。明代（1368〜1644年）に入ると商業が発達して米の集散地となり、呉江県城（行政

【地図】同里

【地図】同里の [★★☆]
- [ ] 同里 同里トンリイ
- [ ] 退思園 退思园トゥイスーユゥエン

【地図】同里の [★☆☆]
- [ ] 羅星洲 罗星洲ルゥオシンチョウ

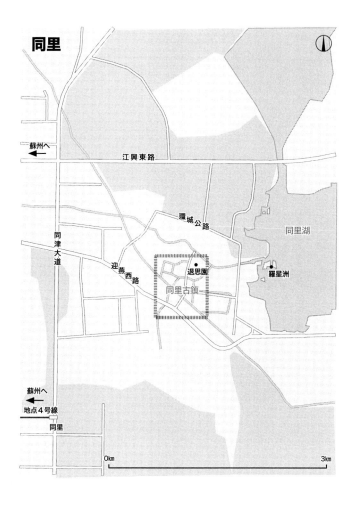

【地図】同里古鎮

【地図】同里古鎮の [★★☆]
- [ ] 同里 同里トンリイ
- [ ] 退思園 退思园トゥイスーユゥエン

【地図】同里古鎮の [★☆☆]
- [ ] 嘉蔭堂 嘉荫堂ジィアインタン
- [ ] 明清街 明清街ミンチンジエ
- [ ] 三橋 三桥サンチャオ
- [ ] 富観街 富观街フウグゥアンジエ
- [ ] 崇本堂 崇本堂チョンベンタン
- [ ] 珍珠塔景園 珍珠塔景园チェンチュウタアジンユゥエン
- [ ] 耕楽堂 耕乐堂ガンラァタン
- [ ] 南園茶社 南园茶社ナンユゥエンチャアシャ

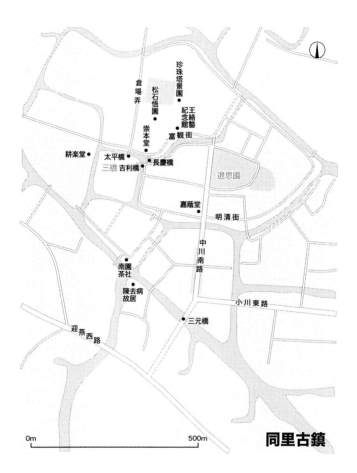

同里古鎮

CHINA
上海

上位の)以上の税をおさめることもあったという。

同里の構成

同里は東の同里湖はじめ、周囲を湖沼に囲まれ、そこに浮かぶ7つの浮島が集まったような地形をしている(1982年まで、船でしか訪れることができなかった)。北京と杭州を結ぶ大運河が西6kmの位置を走り、大運河から続く運河が市街を斜めに横切って、その運河沿いに商業地区がおかれてきた。また街の北側には官吏などが暮らした住宅エリアが残るほか、これら旧市街の東側に新たな動線中川路が整備された。

▲左　退思園は、蘇州の庭園群とともに世界遺産に登録されている。　▲右
太湖石が彩る中国庭園の世界、退思園は江南の名園のひとつ

退思園 退思园 tuì sī yuán トゥイスーユゥエン ［★★☆］

退思園は清代（19世紀末）、官吏を退いて同里に帰郷した任蘭生による名園で、蘇州の庭園群とともに世界遺産に指定されている。退思という言葉は「退いて反省する」を意味し、任蘭生はそれまでの官吏生活を離れてここで隠居生活を送った。退思園の造営にあたっては、各地から石や木材などが集められ、この地方の造園家袁龍の手で完成した。池の水面と建物が近く、水が建物に貼りつくような様子から「貼水園」とも呼ばれる。

CHINA
上海

隠遁生活を愉しんだ官吏

難関の科挙を突破して官吏についた人々は、宮仕えから身をひいて故郷で隠遁生活することを愉しみとした(唐代、故郷で詩を詠んだ陶淵明に代表される隠遁生活)。とくに蘇州や江南の水郷では、官吏が自ら山水に親しむためにつくった理想の庭園「私邸園林」がいくつも残る。都市から離れ、美しい自然が見られる同里は、財産をもつ地主や官吏の多くが終の住処に選び、建築や詩、庭園美など文人たちによる文化が花開いた。そのため同里は小さな水郷でありながら、科挙の合格者や詩人、画家などを多く輩出したことで知られる。

▲左　中川路は同里のメインストリート。　▲右　運河をゆく小船がならぶ、三橋界隈にて

嘉蔭堂 嘉荫堂 jiā yīn táng ジィアインタン［★☆☆］

嘉蔭堂は同里を代表する住宅建築で、中庭をもつ江南伝統の様式をもつ。1922年に建てられたこの建物では、南社の文人柳亜子などが暮らし、精緻な彫刻がほどこされた窓枠、調度品などが見られる。

明清街 明清街 míng qīng jiē ミンチンジエ［★☆☆］

明清代の街の雰囲気が再現された明清街。料理店や土産物店がずらりとならぶ（かつての同里は水路を中心に街が構成されていたが、新たな街の動線中川路が東側に整備された）。

三橋 三桥 sān qiáo サンチャオ ［★☆☆］

水路が集まるところにかかる3つの橋(太平橋、吉利橋、長慶橋)は同里の象徴とも言える。橋が重なる大変縁起のよい場所として、長寿を願う人々や結婚式をあげた夫婦がこれらの橋を渡るという。同里にはこの三橋を中心に、古い橋が50ほど見られ、それぞれ詩が刻まれるなど特徴ある意匠をもつ。

富観街 富观街 fù guān jiē フウグゥアンジエ ［★☆☆］

同里古鎮の北側を東西に走る富観街。富観街とは「富んだ観（ながめ）」のことで、水上交易などで富を得た郷紳や官吏が邸宅を構えていた（近くの旗杆街は、官僚の邸宅の門にかかげられていた旗に由来するという）。この富観街には、同里出身の名士にまつわる王絡鳌紀念館も位置する。

崇本堂 崇本堂 chóng běn táng チョンベンタン ［★☆☆］

富観街に立つ崇本堂は1912年に建てられた。入口から奥に向かって院（庁）が連なる水郷地帯の伝統建築となっている。

上海

珍珠塔景園 珍珠塔景园 zhēn zhū tǎ jǐng yuán
チェンチュウタアジンユゥエン ［★☆☆］

広大な敷地に、ひきこまれた水をたたえる池、楼閣や亭が点在する珍珠塔景園。清代の江南で演じられた劇『珍珠塔』が生まれた場所だと伝えられ、園名はこの劇に由来する。近くには天然石を集めた松石悟園も位置する。

耕楽堂 耕乐堂 gēng lè táng ガンラァタン ［★☆☆］

三橋の西側に位置する明代の官吏朱祥が暮らした邸宅跡、耕楽堂。庭園内には楼閣や亭、奇石や植物が配されている。

▲左 「状元」とは科挙で一番の成績をおさめた者、多くの官吏を送り出した。
▲右 同里を斜めに横切る運河に面して立つ南園茶社

南園茶社 南园茶社
nán yuán chá shè ナンユゥエンチャアシャ [★☆☆]

同里旧市街の南側を斜めに走る水路と、南北の運河が交わる地点に立つ南園茶社。陸路が整備される以前は、ここが同里の玄関部にあたり、近隣の農民や商人が収穫物などの売買目的で集まった。茶館は商人たちがお茶を飲んで情報交換をする場所であった一方、文人や町人が集まる場でもあり、陳去病や柳亜子が南園茶社で文学結社「南社」設立のための会議を開いたことでも知られる。また運河の対岸には、南社の設立者のひとり陳去病の故居が位置する。

上海

水郷鎮と演劇

江南地方では、祭りのときや人々が集まる行事で劇が演じられ、この地方独特の演劇も発達した。とくに京劇のルーツのひとつにもあげられる崑劇は、蘇州近くの崑山を発祥の地とし、また蘇州や同里では伴奏とともに歌って語る評弾も演じられた（蘇州評弾）。官吏の邸宅や寺院にはこうした劇のための戯台が用意され、人々を楽しませた。

羅星洲 罗星洲 luō xīng zhōu ルゥオシンチョウ ［★☆☆］

同里の東側に広がる同里湖に浮かぶ羅星洲。小さな島には、観音をまつる観音寺と学問の神様をまつる文昌殿が位置する。

【地図】蘇州〜同里の [★★☆]

- [ ] 同里 同里トンリイ
- [ ] 退思園 退思园トゥイスーユゥエン

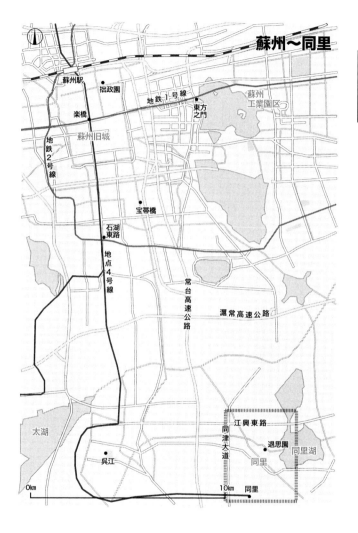

Guide, Jin Xi
錦渓
城市案内

CHINA
上海

12世紀、華北を金に奪われた宋の皇室は
江南の水郷地帯へ逃れてきた
錦渓の五保湖には南宋王妃が眠る

錦渓 锦溪 jīn xī ジンシー ［★★☆］

南東に淀山湖、北西に澄湖が位置し、周囲を湖沼と水路に囲まれた錦渓。錦渓には古くから人が暮らし、春秋時代（紀元前5世紀ごろ）、呉王闔閭が蘇州に城を築いた時代に集落ができたという。また、12世紀、金が北宋に侵入したとき、皇帝の孝宗は王妃の陳妃とともにこの地へ逃れ、陳妃は錦渓で病死した。そのため、この水郷は長いあいだ陳墓と呼ばれていたが、1992年に錦渓となった。こぢんまりとした水郷の中心には茶館や露店がならび、船頭が小舟を引きながら歌う舟歌も聴こえてくる。

五保湖 五保湖 wǔ bǎo hú ウウバオフウ［★☆☆］

錦渓を走る水路が流れ込み、豊かな水をたたえている五保湖。ここは錦渓でなくなった南宋第 2 代皇帝孝宗の陳妃が水葬された場所として知られる。湖には小さな島「陳妃水塚」も見られる。

蓮池禅院 莲池禅院
lián chí chán yuàn リィエンチイチャンユゥエン［★☆☆］

蓮池禅院は、南宋第 2 代皇帝孝宗が陳妃を供養するために建てた寺院をはじまりとする。五保湖に浮かぶように立ち、両

【地図】錦渓と水郷地帯

【地図】錦渓と水郷地帯の [★★★]
- [ ] 周荘 周庄 zhōu zhuāng チョウチュゥアン

【地図】錦渓と水郷地帯の [★★☆]
- [ ] 錦渓 锦溪 jǐn xī ジンシー
- [ ] 同里 同里 tóng lǐ トンリイ
- [ ] 甪直 甪直 lù zhí ルウチイ

【地図】錦渓と水郷地帯の [★☆☆]
- [ ] 張陵山 张陵山 zhāng líng shān チャンリンシャン

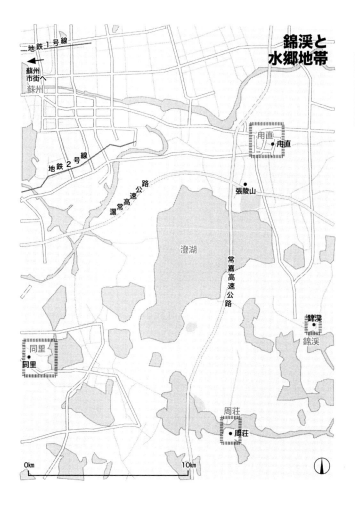

【地図】錦渓

【地図】錦渓の [★★☆]
- [ ] 錦渓 锦溪ジンシー

【地図】錦渓の [★☆☆]
- [ ] 五保湖 五保湖ウウバオフウ
- [ ] 蓮池禅院 莲池禅院リィエンチイチャンユゥエン
- [ ] 上塘街 上塘街チャンタンジエ
- [ ] 柿園 柿园シイユゥエン

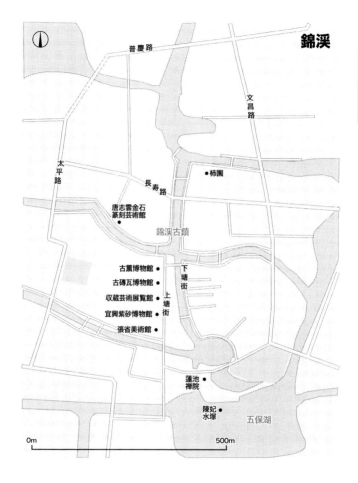

端の反った中国風屋根をもつ楼閣が展開する。現在の建物は20世紀末に建てられた。

上塘街 上塘街 shàng táng jiē チャンタンジエ［★☆☆］
五保湖から北へ伸びる運河の西側を走る上塘街。この上塘街には水郷の住宅を利用した博物館がずらりとならぶことから、錦渓は「民間博物館の郷」とも呼ばれる。張省美術館、中国宜興紫砂博物館、中国収蔵芸術展覧館、中国古磚瓦博物館、古薫博物館が上塘街に位置し、そのほかにも唐志雲金石篆刻芸術館なども見られる。

▲左　陳妃のために建てられた蓮池禅院。　▲右　五保湖にかけられた回廊

柿園 柿园 shì yuán シイユゥエン ［★☆☆］

柿園は20世紀に活躍した画家の陸曙輪の邸宅跡。柿園という名前は、庭に残る柿の老木に由来する。

**Guide,
Lu Zhi**

甪直
城市案内

蘇州の南東18kmに位置する甪直
周荘、同里とともに
江南水郷三明珠にあげられる

甪直 甪直 lù zhí ルウチイ ［★★☆］

西の蘇州と東の上海を結ぶ重要な水路に面して発展してきた甪直。周囲を5つの湖がとり囲み、6本の大きな水路が流れていることから、「五湖之汀」「六沢之冲」と呼ばれ、1980年までは船でしかこの水郷に近づけなかった。甪直には、紀元前6世紀に蘇州を築いた呉の闔閭の離宮がおかれていたと伝えられ、以来、2500年の伝統をもつ（春秋時代、呉越の戦いが繰り広げられた）。長いあいだ西部の「甫里」と、東部の「六直」にわかれていたが、明代に「甪直」として統合された。「甪」という漢字はほとんどこの水郷に対してのみ使われるのだという。

用直の構成

用直の街は保聖寺を中心とする西側（甫里）と多くの運河へ続く商業地があった東側（六直）にわけられ、両者のあいだを主要運河が走る。もともとふたつの水郷だったことからも、西部は宗教的色彩が強く、東部は商業的な要素が強いといった性格をもってきた（現在、用直の中心は西側におかれている）。両者のあいだに伸びる運河の西端から南へと運河が続き、その交差点を起点に東市、中市、南市、西市といった地名が使われている。

保聖寺 保圣寺 bǎo shèng sì バオシェンスー ［★☆☆］

南朝梁の503年に創建され、江南四大寺院にもあげられる保聖寺。甪直の鎮が本格的に形成される以前からの伝統をもち、とくに宋代にはこの保聖寺を中心に仏教文化が花開いた。伽藍は唐代から清代にかけてたびたび改修されているが、明代の天王殿はじめ、中国全土からしても貴重な唐代8世紀の羅漢像9体が見られる（1927年の火災で多くが焼けたものの、この9体は残った）。蘇州出身の文人、陸亀蒙はこの地で隠遁生活を送って詩を書いたと伝えられ、敷地内にその墓も位置する。

【地図】甪直

【地図】甪直の [★★☆]
- [ ] 甪直 甪直 ルウチイ
- [ ] 同里 同里 トンリイ
- [ ] 錦渓 锦溪 ジンシー

【地図】甪直の [★☆☆]
- [ ] 保聖寺 保圣寺 バオシェンスー
- [ ] 正陽橋 正阳桥 チャンヤンチャオ
- [ ] 張陵山 张陵山 チャンリンシャン

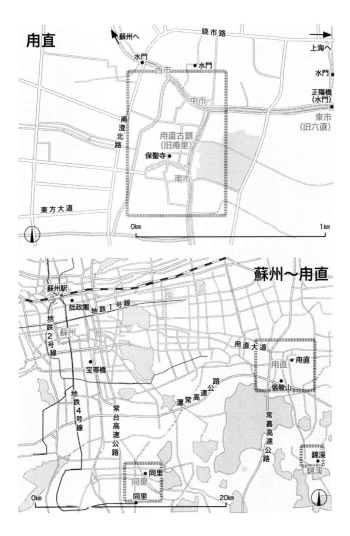

【地図】甪直古鎮

【地図】甪直古鎮の [★★☆]
- [ ] 甪直 甪直ルウチイ

【地図】甪直古鎮の [★☆☆]
- [ ] 保聖寺 保圣寺バオシェンスー
- [ ] 沈宅 沈宅シェンチャイ
- [ ] 上塘街 上塘街シャンタンジエ
- [ ] 江南文化園 江南文化园 ジィアンナンウェンフゥアユュエン
- [ ] 万盛米行 万盛米行ワンシェンミイハン
- [ ] 蕭宅 萧宅シャオチャイ

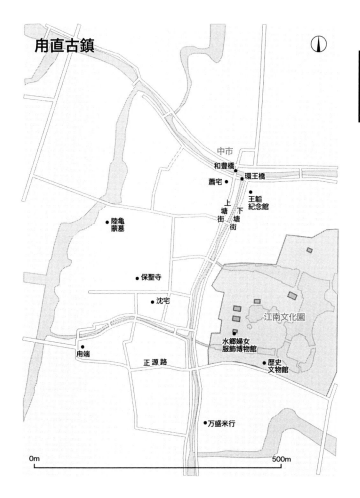

沈宅 沈宅 chén zhái シェンチャイ ［★☆☆］

保聖寺の前方に位置する沈宅。清代の1873年に建てられ、天井と呼ばれる中庭をもつ江南建築が見られる。内部は博物館になっている。

上塘街 上塘街 shàng táng jiē シャンタンジエ ［★☆☆］

甪直中心部を南北に流れる運河に沿って走る上塘街。白塗りの壁、黒の屋根瓦をもつ水郷住宅とともに、茶館や露店が軒を連ねる。

▲左　劇で使う仮面が売られていた。　▲右　アーチを描く橋のしたを小船が通る

いくつもの橋がかかる街

「橋の都」「古橋博物館」と言われるほど、用直では多くの橋が見られ、1キロ平方には40もの橋がかかるという。もっとも古いものは宋代にさかのぼるが、その多くが明清時代の創建だとされる（細長い石をならべた石桁橋やアーチ型の橋があり、それぞれにこだわった意匠がほどこされている）。運河の交差点にあたる地点には、すぐ近くの距離で環王橋と和豊橋がかかり、これらは三歩二頂橋と呼ばれてきた。橋がかかることで人が往来し、水路を使って運ばれる物資が陸揚げされるなど水郷の中心となっていた。

江南文化園 江南文化园 jiāng nán wén huà yuán
ジィアンナンウェンフゥアユゥエン ［★☆☆］

江南の伝統的な水郷の様子が再現され、博物館や庭園が一体化した江南文化園。甪直歴史文物館、甪直水郷婦女服飾博物館の展示では、この街の文化や歴史にふれられる（甪直の女性は頭巾をかぶり、鮮やかな青の上着とずぼんの民族衣装を身につけてきた）。

万盛米行 万盛米行
wàn shèng mǐ háng ワンシェンミイハン [★☆☆]

用直は明代（1368〜1644年）以降、周囲の農村で収穫された米の集散地として繁栄した。万盛米行は用直を代表する米の卸問屋で、近代以降、急速な発展をとげた上海へ米を運んだ（「行」とは商店のことで、銀をあつかう「銀行」などの言葉で残っている）。また内部には木製の農機具などが展示されている。

CHINA
上海

蕭宅 萧宅 xiāo zhái シャオチャイ［★☆☆］

東西の主要運河と南北の運河の交差点に位置する蕭宅。科挙に合格した挙人の蕭冰黎が暮らした江南の伝統建築様式となっていて、清代末期（1889年）の創建当時の状態を今に伝える。この蕭宅の向かいには、用直出身のジャーナリスト王韜にまつわる王韜紀念館が位置する。

正陽橋 正阳桥 zhèng yáng qiáo チャンヤンチャオ［★☆☆］

用直の東端にかかるアーチ式の正陽橋。青龍橋とも呼ばれ、人々はこの橋を「龍の頭部」に、蘇州へ向かって西に伸びる

運河を「龍の身体」に見立てるという。

張陵山 张陵山 zhāng líng shān チャンリンシャン ［★☆☆］
用直の南西1.5 ㎞に位置する張陵山。今から6000年ほど昔の崧沢、良渚文化の墳墓が発見され、この地方に古くから人々の営みがあったことが確認された。

水路に育まれた千年の鎮

湖や水路が縦横にめぐる湿地帯にたたずむ水郷鎮
鎮は都市と農村を結び
経済、流通、情報の中継地点として発展してきた

都市から水郷鎮へ

中国では2000年以上に渡って皇帝が暮らす首都を中心に、大都市、県城、鎮、農村へ続く中央集権体制がしかれてきた。蘇州や上海旧県城などの都市は、城壁で囲まれた伝統的な街区をもち、科挙に合格した官吏が中央から派遣されていた。一方、江南の水郷古鎮の多くは、宋代（960〜1279年）より起こってきたもので、定期市が立ち、物資の集散場所になった（それまでの唐代には、市は都市のなかの商業区画にあった）。また中国華北の集落が100〜150戸で構成されているのに対して、江南の集落では30戸程度からなり、集落同士

の距離は江南のほうがはるかに短いのだという。

運河と水路

4世紀の五胡十六国、12世紀の金など、華北に異民族の王朝が樹立され、漢族の王朝が南遷するたびに江南の開発が進んだ。中国では古くから政治の中心は華北にあったが、江南が開発されるにあたって経済力で「南」が「北」を凌駕するようになった（7世紀初頭、隋の煬帝によって中国を南北に結ぶ大運河が開通されると、江南の豊かな物資が華北に運ばれ、宋代には「南」の経済的優位が際立った）。周荘を拠点にし

▲左　退職した官吏は、隠遁生活を送った。　▲右　水路とそこへ続く階段

た沈万三も江南の物資を運ぶなかで富豪になったと言われ、「江浙熟せば天下足る」という言葉は長江デルタ地帯の豊かさを物語るものとなっている。

「鎮の支配者」郷紳

明末から清初にかけて農業技術の高まりとともに、資本が集積するようになった。こうしたなかで台頭してきたのが、地元の名士である郷紳と呼ばれる特権的な身分で、土地を所有して農民を働かせたり、高利貸しも行なった（中国では科挙に合格した官吏が街をおさめていたが、転勤のある官吏より

も地元の郷紳のほうが力をもった)。明清時代、郷紳は寺廟や道路、橋梁の整備、治安維持などにもあたる実質的な村の支配者となっていた。

Shui Xiang

水路に育まれた千年の鎮

参考文献

『水網都市』(上田篤・世界都市研究会編 / 学芸出版社)

『中国江南の都市とくらし』(高村雅彦 / 山川出版社)

『中国の都市空間を読む』(高村雅彦 / 山川出版社)

『明清交替と江南社会』(岸本美緒 / 東京大学出版会)

『ぶらり旅上海―大ブームの水郷 朱家角』(高原 / 人民中国)

『中国蘇州周荘住居の近代化による持続と変容』(高岡えり子・初見 学・鈴木彰信 / 学術講演梗概集)

『同里鎮の発展とその考察』(楊兆清 / 中京大学大学院社会学研究科院生論集)

『世界大百科事典』(平凡社)

[PDF] 上海地下鉄路線図 http://machigotopub.com/pdf/shanghaimetro.pdf

[PDF] 上海浦東国際空港案内 http://machigotopub.com/pdf/shanghaiairport.pdf

[PDF] 上海虹橋国際空港案内 http://machigotopub.com/pdf/shanghaihongqiaoairport.pdf

[PDF] 上海地下鉄歩き http://machigotopub.com/pdf/metrowalkshanghai.pdf

まちごとパブリッシングの旅行ガイド
Machigoto INDIA , Machigoto ASIA , Machigoto CHINA

【北インド - まちごとインド】

001 はじめての北インド
002 はじめてのデリー
003 オールド・デリー
004 ニュー・デリー
005 南デリー
012 アーグラ
013 ファテープル・シークリー
014 バラナシ
015 サールナート
022 カージュラホ
032 アムリトサル

【西インド - まちごとインド】

001 はじめてのラジャスタン
002 ジャイプル
003 ジョードプル
004 ジャイサルメール
005 ウダイプル
006 アジメール（プシュカル）
007 ビカネール
008 シェカワティ
011 はじめてのマハラシュトラ
012 ムンバイ
013 プネー
014 アウランガバード
015 エローラ
016 アジャンタ
021 はじめてのグジャラート
022 アーメダバード
023 ヴァドダラー（チャンパネール）

024 ブジ（カッチ地方）

【東インド - まちごとインド】

002 コルカタ
012 ブッダガヤ

【南インド - まちごとインド】

001 はじめてのタミルナードゥ
002 チェンナイ
003 カーンチプラム
004 マハーバリプラム
005 タンジャヴール
006 クンバコナムとカーヴェリー・デルタ
007 ティルチラパッリ
008 マドゥライ
009 ラーメシュワラム
010 カニャークマリ
021 はじめてのケーララ
022 ティルヴァナンタプラム
023 バックウォーター（コッラム〜アラップーザ）
024 コーチ（コーチン）
025 トリシュール

【ネパール - まちごとアジア】

001 はじめてのカトマンズ
002 カトマンズ
003 スワヤンブナート

004 パタン
005 バクタプル
006 ポカラ
007 ルンビニ
008 チトワン国立公園

【バングラデシュ - まちごとアジア】

001 はじめてのバングラデシュ
002 ダッカ
003 バゲルハット（クルナ）
004 シュンドルボン
005 プティア
006 モハスタン（ボグラ）
007 パハルプール

【パキスタン - まちごとアジア】

002 フンザ
003 ギルギット（KKH）
004 ラホール
005 ハラッパ
006 ムルタン

【イラン - まちごとアジア】

001 はじめてのイラン
002 テヘラン
003 イスファハン
004 シーラーズ
005 ペルセポリス
006 パサルガダエ（ナグシェ・ロスタム）
007 ヤズド
008 チョガ・ザンビル（アフヴァーズ）
009 タブリーズ
010 アルダビール

【北京 - まちごとチャイナ】

001 はじめての北京
002 故宮（天安門広場）
003 胡同と旧皇城
004 天壇と旧崇文区
005 瑠璃廠と旧宣武区
006 王府井と市街東部
007 北京動物園と市街西部
008 頤和園と西山
009 盧溝橋と周口店
010 万里の長城と明十三陵

【天津 - まちごとチャイナ】

001 はじめての天津
002 天津市街
003 浜海新区と市街南部
004 薊県と清東陵

【上海 - まちごとチャイナ】

001 はじめての上海
002 浦東新区
003 外灘と南京東路
004 淮海路と市街西部
005 虹口と市街北部
006 上海郊外（龍華・七宝・松江・嘉定）
007 水郷地帯（朱家角・周荘・同里・甪直）

【河北省 - まちごとチャイナ】

001 はじめての河北省
002 石家荘
003 秦皇島
004 承徳
005 張家口
006 保定
007 邯鄲

【山東省 - まちごとチャイナ】

001 はじめての山東省
002 はじめての青島
003 青島市街
004 青島郊外と開発区
005 煙台
006 臨淄
007 済南
008 泰山
009 曲阜

【江蘇省 - まちごとチャイナ】

001 はじめての江蘇省
002 はじめての蘇州
003 蘇州旧城
004 蘇州郊外と開発区
005 無錫
006 揚州
007 鎮江
008 はじめての南京
009 南京旧城
010 南京紫金山と下関
011 雨花台と南京郊外・開発区
012 徐州

【浙江省 - まちごとチャイナ】

001 はじめての浙江省
002 はじめての杭州
003 西湖と山林杭州
004 杭州旧城と開発区
005 紹興
006 はじめての寧波
007 寧波旧城
008 寧波郊外と開発区
009 普陀山
010 天台山
011 温州

【福建省 - まちごとチャイナ】

001 はじめての福建省
002 はじめての福州
003 福州旧城
004 福州郊外と開発区
005 武夷山
006 泉州
007 厦門
008 客家土楼

【広東省 - まちごとチャイナ】

001 はじめての広東省
002 はじめての広州
003 広州古城
004 天河と広州郊外
005 深圳（深セン）
006 東莞
007 開平（江門）
008 韶関
009 はじめての潮汕

010 潮州
011 汕頭

【遼寧省 - まちごとチャイナ】

001 はじめての遼寧省
002 はじめての大連
003 大連市街
004 旅順
005 金州新区
006 はじめての瀋陽
007 瀋陽故宮と旧市街
008 瀋陽駅と市街地
009 北陵と瀋陽郊外
010 撫順

【重慶 - まちごとチャイナ】

001 はじめての重慶
002 重慶市街
003 三峡下り（重慶〜宜昌）
004 大足

【香港 - まちごとチャイナ】

001 はじめての香港
002 中環と香港島北岸
003 上環と香港島南岸
004 尖沙咀と九龍市街
005 九龍城と九龍郊外
006 新界
007 ランタオ島と島嶼部

【マカオ - まちごとチャイナ】

001 はじめてのマカオ
002 セナド広場とマカオ中心部
003 媽閣廟とマカオ半島南部
004 東望洋山とマカオ半島北部
005 新口岸とタイパ・コロアン

【Juo-Mujin（電子書籍のみ）】

Juo-Mujin 香港縦横無尽
Juo-Mujin 北京縦横無尽
Juo-Mujin 上海縦横無尽
見せよう！デリーでヒンディー語
見せよう！タージマハルでヒンディー語
見せよう！砂漠のラジャスタンでヒンディー語

【自力旅游中国 Tabisuru CHINA】

001 バスに揺られて「自力で長城」
002 バスに揺られて「自力で石家荘」
003 バスに揺られて「自力で承徳」
004 船に揺られて「自力で普陀山」
005 バスに揺られて「自力で天台山」
006 バスに揺られて「自力で秦皇島」
007 バスに揺られて「自力で張家口」
008 バスに揺られて「自力で邯鄲」
009 バスに揺られて「自力で保定」
010 バスに揺られて「自力で清東陵」
011 バスに揺られて「自力で潮州」
012 バスに揺られて「自力で汕頭」
013 バスに揺られて「自力で温州」
014 バスに揺られて「自力で福州」
015 メトロに揺られて「自力で深圳」

【車輪はつばさ】
南インドのアイラヴァテシュワラ寺院には建築本体に車輪がついていて寺院に乗った神さまが人びとの想いを運ぶと言います。

・本書はオンデマンド印刷で作成されています。
・本書の内容に関するご意見、お問い合わせは、発行元の
　まちごとパブリッシング info@machigotopub.com までお願いします。

まちごとチャイナ
上海007水郷地帯（朱家角・周荘・同里・甪直）
〜江南「原風景」と水辺の人々［モノクロノートブック版］

2017年11月14日　発行

著　者	「アジア城市（まち）案内」制作委員会
発行者	赤松　耕次
発行所	まちごとパブリッシング株式会社 〒181-0013　東京都三鷹市下連雀4-4-36 URL http://www.machigotopub.com/
発売元	株式会社デジタルパブリッシングサービス 〒162-0812　東京都新宿区西五軒町11-13 清水ビル3F
印刷・製本	株式会社デジタルパブリッシングサービス URL http://www.d-pub.co.jp/

MP093

ISBN978-4-86143-227-9 C0326　　　Printed in Japan
本書の無断複製複写（コピー）は、著作権法上での例外を除き、禁じられています。